BEI GRIN MACHT SICH IHR WISSEN BEZAHLT

Alina Polyak

Besessenheit, Geistervertreibung und Seelenwanderung im Judentum

GRIN Verlag

Bibliografische Information der Deutschen Nationalbibliothek:

Die Deutsche Bibliothek verzeichnet diese Publikation in der Deutschen National-
bibliografie; detaillierte bibliografische Daten sind im Internet über http://dnb.d-
nb.de/ abrufbar.

Impressum:

Copyright © 2007 GRIN Verlag GmbH
Druck und Bindung: Books on Demand GmbH, Norderstedt Germany
ISBN: 978-3-640-30595-7

Dieses Buch bei GRIN:

http://www.grin.com/de/e-book/124892/besessenheit-geistervertreibung-und-see-
lenwanderung-im-judentum

GRIN - Your knowledge has value

Der GRIN Verlag publiziert seit 1998 wissenschaftliche Arbeiten von Studenten, Hochschullehrern und anderen Akademikern als eBook und gedrucktes Buch. Die Verlagswebsite www.grin.com ist die ideale Plattform zur Veröffentlichung von Hausarbeiten, Abschlussarbeiten, wissenschaftlichen Aufsätzen, Dissertationen und Fachbüchern.

Besuchen Sie uns im Internet:

http://www.grin.com/

http://www.facebook.com/grincom

http://www.twitter.com/grin_com

Johann Wolfgang Goethe Universität Frankfurt am Main

Seminar für Judaistik, Fachbereich 09

Seminar Sommersemester 2007-2008

„Kabbala in Safed im 16. Jahrhundert: Cordovero- Luria- Vital"

Ausgearbeitetes Referat

„Besessenheit, Geistervertreibung und Seelenwanderung im Judentum."

von

Alina Polyak

Oktober 2007

Inhaltsverzeichnis

1 Einleitung und historische Perspektive.

In meinem Referat habe ich angefangen mich mit dem spannenden Thema der jüdischen Magie zu befassen.

Der Platz, den Mystik und Magie im Judentum hat, scheint viel wichtiger zu sein, als man sich vorstellen könnte.

Selbst in der Folklore findet man viele Geschichten über Dämonen und *Dybbuk*-Besessenheit.

In der Vorbereitungsphase für meine Hausarbeit habe ich in meinem jüdischen Bekanntenkreis eine kleine Umfrage durchgeführt. Alle befragten waren erstaunt zu hören, dass es im Judentum „auch" Exorzismus und Seelenwanderung existiert. Niemand hörte jemals davon, obwohl alle jüdische Erziehung bekommen haben. Liegt es an mangelnder Werbung oder vielleicht daran, dass das esoterische Wissen nicht in die Hände der Unbefugten gelingen durfte? Oder zum eigenen Schutz der unschuldigen Seelen? Was auch immer der Grund, gehört Geistesbeschwörung im traditionellen Judentum nicht zum „Tagesprogramm."

In meiner Arbeit habe ich versucht den Überblick über die Situation zu verschaffen. Der Akzent liegt auf Safed im 16. Jahrhundert, weil die meisten Quellen aus dieser Zeit stammen. Das sindc aber nicht die frühesten Erwähnungen davon, sondern man spricht über das Thema Geister und Besessenheit schon sehr früh in den jüdischen Quellen. Es ist schwer zu sagen von wann genau die ersten Berichte sind.

Die Vorstellung, über so was wie Besessenheit von einem fremden Geist schon in dem Tanach im Buch von Genesis vorkommt, wie J. H. Chajes (2001) behauptet.

Zum Beispiel in 41:38 spricht der Pharao über Joseph, dass niemand wie er den Geist Gottes in sich hat.

In Exodus 31:3 verspricht Gott Bezalel mit dem Geist Gottes zu erfüllen, sodass er Inspiration für seine Arbeit bekommt. Der erste Exorzist in der jüdischen Geschichte war König David. Der König Saul war der erste Besessene.

Natürlich reicht das Wort „Geist" an sich noch lange nicht um behaupten zu können, dass es sich in diesem Fall von Besessenheit handelt.

Auch dem Christentum ist dieses Thema nicht unbekannt und zwar schon sehr früh.

Nach dem Evangelium von Markus gehört die Fähigkeit, Geiste zu beschwören und auszutreiben zum „Pflichtprogramm" eines Christen.

In einem Dokument des 3 Jahrhunderts behauptet ein Christ namens Origen, daß Juden und ihre Beschwörungen besonders effektiv gegen Dämonen waren.

In *Antiquitates Judaicae*, beschreibt Josefus einen Exorzismus, der von einen Juden Namens Eleazar vor Augen Vespasians und seinen Hof durchgeführt wurde.

„Eleazar applied to the nostrils of the demon-possessed man his own ring, which had under its seal-stone one of the roots whose properties King Solomon had taught, and so drew the demon out through the sufferer's nose. The man immediately fell to the ground, and Eleazar then adjured the demon never to return, calling the name of Solomon and reciting the charms that he had composed."

. (*Antiquitates Judaicae*, Band 8, S. 42-49, zitiert in Chajes, 2001, S. 387).

Beschreibungen von Exorzismus gibt es auch in der Rabbinischen Literatur. Zum Beispiel erwähnt *Pesikta de Rav- Kahana* Exorzismus bei Nichtjüden. *Bavli Me"ila* 17 a-b beschreibt ein Fall wie Shimon ben Yochai Exorzismus von Königs Tochter durchführt. Die positive Folge daraus war, dass ein antijüdisches Gesetz aufgehoben wurde.

Es ist schwer zu beurteilen wie oft das Ritual des Exorzismus in der Antike passierte, da es sehr wenige Berichte aus dieser Periode gibt.

Die meisten der überlieferten Berichte stammen aus dem 16 Jahrhundert Safed. Was die weitere Entwicklung angeht, gibt es auch nicht viel.

Vom Mittelalter ist ein Manuskript *Shoshan Yesod ha-Olam* bekannt. Es enthält eine Sammlung von Geisterbeschwörenden . „*Shoshan Yesod ha-Olam* includes a technique that promises to offer protection from injuries, doubts and fears, bad dreams, business negotiation problems, crying children, women having difficulty in labor, dangers of travel, and demonic afflictions. Another technique is said to have the power to confuse and confound one's enemy, while also being capable of exorcising a demon and exiling someone form his or her place of residence." Chajes, 2003 A, 66.

2 Magie, Geister und Dämonenlehre

Über Magie schreibt Joshua Trachtenberg, dass die Bibel im allgemeinen Hexerei und Zauberei missbilligt. Talmud macht daraus Kategorien, die mehr oder weniger schwerwiegend sind. Zwischen zwei Arten der Zauberei war zu unterscheiden: etwas, das ein materielles Effekt produziert und etwas, was nur Illusion solches Effektes produziert. Die erste Art braucht Hilfe von Dämonen, die zweite nicht.

Das wichtigste Prinzip der jüdischen Magie im Mittelalter (im Unterscheid zum Christentum) war, dass sie auf den Mächten des Guten basiert hat. An diese wurde durch das Rufen den Namen Gottes und Seinen Engel appelliert.

Was die Herkunft der Geister angeht, nennt Chajes in seinem Buch „Between Worlds" *Pirkej de Rabbi Eliezer* als Quelle, in der steht, dass die Generation von biblischer Flut nicht aufersteht am Ende der Zeiten, das sie zu *Ruhot* und *Mazzikim* verwandelt wurde. Das sind also Seelen der Bösen. R. Eliezer Ashkenazi schreibt in seinem 1583 Werk, *Ma'asei ha-Shem*, das Dämonen zu werden ist die Strafe und das ultimative Schicksal der bösen Menschen.

Trachtenberg schreibt über Dämonen, dass es zwei Theorien gibt. Dem Talmud zufolge, war Gott am ersten *Erev Shabbat* mit den letzten Einzelheiten der Schöpfung beschäftigt. Er war gerade am Schaffen ihren Seelen als Shabbat angefangen hat und Er mit der Arbeit aufhören musste. Deswegen haben Dämonen keine Körper, sondern bestehen nur aus Geist.

Es gab aber auch solche, die sowohl die Seele als auch den Körper besitzen. Es gibt eine rabbinische Legende, dass während 130 Jahren nach der Vertreibung aus Eden, als Adam von Eva getrennt war, hatte er Beziehungen mit weiblichen Dämonen, deren Kinder dieser Gruppe gehören.

„...the demons, evil as they were, remained the creatures of God, subject to His will and respectful of His divinity, and actually subservient to angels." "... in accordance with their origin, are between angels and men. They have wings like the former, and move about from one end of the earth to the other, and know what will come to pass; but, like the latter, they eat and drink, propagate their kind, and die." "Angels and demons may become men and animals, men may be transformed into cats or wolves or hares." (Trachtenberg, S. 30, 31).

Dämonen haben wie die Engel spezielle Aufgaben.

Sie sind mit der Unreinheit assoziiert, deswegen es ist zum Beispiel wichtig, Hände zu waschen, um Dämonen zu vertreiben.

Es gibt Zeiten, wenn man Dämonen besonders anfällig ist, wie während der Nacht. Flüssigkeiten, die nachts offen geblieben sind, sollte man nicht trinken, das gleiche gilt für offene Quellen. Besonders gefährlich galten die Nächte zu Mittwoch und Samstag.

In den Zeiten des Talmuds, als die Synagogen in den Feldern außerhalb der Siedlung waren, sollte niemand alleine am Freitag Abend in der Synagoge bleiben, um nach Hause alleine nicht gehen zu müssen.

Wenn man nachts lernt, ist man sicher geschützt von Dämonen.

Rafael Patai schreibt in seinem Aufsatz, dass die rabbinischen Autoritäten und deren in Safed wohnenden Nachfolger daran glaubten, dass wenn die Sünde, die ein Mensch während seines Lebens begangen hat, sehr schwerwiegend war, durfte die Seele *Gehenom* nicht gleich eintreten.solche Seele war im Zustand von *Limbus* und musste zuerst gereinigt werden, währenddessen sie sehr gelitten hat. Die Prozedur der Reinigung hat hunderte von Jahren dauern können.

Chajes zufolge, waren viele Mystiker im 16 Jahrhundert mit *Gilgul* oder Transmigration der Seelen beschäftigt. Es gibt ein entscheidender Unterschied zwischen Berichten von Antike und Mittelalter und späteren Berichten von 16 Jahrhundert. Früher hat man angenommen, dass der eindringende Geist dämonisch war, aber im 16 Jahrhundert war der angenommene „default" Geist eine menschliche Seele.

Im Christentum und Islam wurde die Möglichkeit der Besessenheit der Körper der Lebendigen von Verstorbenen verneint, im Judentum dagegen war es die typische Ansicht. Der Exorzist musste wissen, mit wem er zu tun hatte, um erfolgreiche Verbannung durchführen zu können. Luria beschrieb wie man zwischen Besessenheit von einem Geist und einem Dämon unterscheiden kann. „Demons [*shedim*] and a ghost [*ruah ra'ah*] are two distinct types…. First one must recognize their signs: the demon compels the person, and he moves spasmodically with his arms and legs. And emits white saliva from his mouth… With a ghost, he feels pain and distress in his heart…However the primary clarification is when he speaks, for then he will tell, what he is…" (Chajes, 2003 A, S. 13-14).

Im *Sefer ha Goralot,* das Buch, das Vital zugeschrieben ist, steht dass ein Dämon Jude, Muslim oder Christ sein kann.

Der Zuflucht für einen Geist war im Körper eines lebendigen Menschen. Das war der Typ der Reinkarnation die als *Ibbur* oder Tränkung bekannt war. Es war übrig dass eine männliche Seele einen Frauenkörper eintritt. Es gibt ein Unterschied zwischen *Ibbur* und *Gilgul*. Das letzte bezieht sich spezifisch auf Reinkarnation bei der Geburt oder Zeugung. Eine positive Konsequenz aus 16 Jh. Besessenheit ist, dass der Kabbalist- Exorzist gleichzeitig das Opfer von dem Geist befreit und auch der Seele des Sünders die Möglichkeit gibt, damit sie durch *Tikkun* den Platz in *Gehinnom* einnimmt.

Nach einer alternativen Theorie, war die Seele zuerst gestraft, danach in den Körpern von Tieren oder Vögel wiedergeboren. Sobald der der Sünder tot war, haben die Engel der Zerstörung sein Grab aufgeschlagen, die Seele herausgezogen, grausam zusammengeschlagen und Torturen untergesetzt.

Zwei Theorien galten für die Besessenheit. Der erster zufolge, mussten die Geister von Personen, die bestimmte Sünden begangen, in Körper von Tiere oder Menschen hineintreten. Die häufigste Sünde, die so gestraft wurde, war von sexueller Natur. Patai zitiert von *Sefer ha Gilgulim* von Haim Vital: "He who has intercourse with a male transmigrates into a hare or a rabbit (for they are males

and females [?] I and one year they mount him and one year he mounts others). He who has intercourse with a [domestic] animal transmigrates into a bat. He who has intercourse with a wild animal or a bird transmigrates into a raven. He who has intercourse with a married woman transmigrates into a donkey. He who has intercourse with a Gentile woman transmigrates into a Jewish whore. He who has intercourse with a woman in her menstrual impurity transmigrates into a Gentile woman who does copulate while menstrually unclean. He who has intercourse with his sister transmigrates into a stork. He who has intercourse with his mother transmigrates into a she-ass. He who has intercourse with his mother-in-law transmigrates into a female mule (and also he who has intercourse with his son's wife). He who looks at the sexual parts transmigrates into a *raall* [an unclean bird]. . . .

He who has intercourse with his aunt, his end is that he will be clothed [that is, transmigrates] into a Gentile woman, and that woman will convert to Judaism. And he who has intercourse with his brother's wife, his end will be that he will be clothed into a mule. And he who has intercourse with his uncle's wife will be clothed into an Ashdodite woman. And he who has intercourse with two sisters will transmigrate into a Gentile whore who will be mounted by two brothers. He who has intercourse with the wife of his father will transmigrate into a camel. because he was impudent in regard to forbidden intercourse, his end is that he will be bashful like a camel. **And all this holds good only if he did not repent while still alive.**" (Patai, 824).

Alles was passiert ist ganz genau gezeichnet, aber der letzte Satz ist sehr wichtig, weil alles kann vermieden werden, wenn man vor dem Tod *Tshuva* begeht.

Anderer Theorie zufolge, konnte der Geist Torturen ausweichen indem er Zuflucht in einem Tier oder Mensch findet. In einem lebendigen Körper können die Engel die Seele nicht berühren und sie hat endlich Ruhe. Da die menschliche Seele aber mit dem Körper eines Tieres „inkompatibel" ist, wird das Tier verrückt und stirbt. Solche Seele versucht einen Menschen zu finden.

Man kann sehr schnell anfällig werden indem man zum Beispiel zornig wird und schreit „zum Teufel!". Eine solche falsche Bewegung ist genug um den Geist zu ermöglichen, sein Körper zu übernehmen. Meistens spürt der Besessene Schmerzen, verliert das Bewusstsein und bleibt bewusstlos. Oft dringt ein männlicher Geist in eine Frau ein. Das sichere Zeichen von Besessenheit ist wenn die Frau mit einer männlichen Stimme spricht.

3 Typen und Techniken der Geistervertreibung. Quellen -die berühmten Fälle in Safed

3.1 Typen und Techniken der Geistervertreibung.

In Safed gab es unterschiedliche mystische Techniken mit verschieden Formen von Geistesbesessenheit.

Patai beschreibt das Ritual der Geistervertreibung, das streng befolgt werden musste. Die Hauptmerkmale waren:

1. Zuerst nach dem Namen fragen, Geburt- und Sterbedatum erfahren. Wichtig war auch die Weise, wie er den Körper betrat. Oft mussten dabei die mystische Namen Gottes und Psalmen rezitiert werden, um den Geist dazu zu zwingen, seinen Namen zu enthüllen.

Das war der erste Schritt, ohne den ging es nicht weiter.

2. Räuchern des Besessenen mit Rauch, Feuer und Schwefel. Das war gemacht, damit der Geist es nicht aushält, im Körper zu bleiben.

3. Man versprach ihn, dass die Rabbis und andere gelernte Personen beten, dass die Seele die *Gehenna* betritt und so die letzte Phase der Reinigung anfangen kann.

4. Das blasen des *Schofar*s, Voraussetzung ist ein *minyan*.

5. Verlangen vom Geist, dass er den Körper durch die große Zehe verlässt. Wenn er durch die Kehle rausgeht, besteht die Gefahr, dass der Betroffene erwürgt und stirbt.

6. Verlangen nach Zeichen dass der Geist den Körper in der Tat verlassen hat, wie zum Beispiel eine Kerze ausblasen oder *shalom aleichem* sagen.

7. Sofort Amuletten rund um den Hals hängen, um vorzubeugen dass der Geist wiederkommt.

Die meisten Geister haben sich gegen die Vertreibung gewehrt, es gab aber manche, die raus wollten, allerdings ohne Ritual nicht rauskommen konnten.

Der Zustand, in den man gerät heißt *Trance*. Es gab bestimmte Zeichen, dass eine andere Persönlichkeit den Körper des Betroffenen unter Kontrolle hat. Es gibt Veränderungen in dem Klang der Stimme, Körpersprache, Bewegungen, und allgemeinen Aussehen.

Manchmal ist Besessenheit *somnambulistisch*, das heißt, dass man nicht weiß, was passiert ist, alles geschieht wie im Traum. Es kann aber auch vollkommen klar sein.

Es gibt unerwünschte und erwünschte Arten der Besessenheit sein. In der europäischen Kultur assoziiert man meistens Besessenheit mit schlechten Geister, Dämonen usw.

In vielen Afrikanischen und Indianischen Kulturen ist es dagegen hoch angesehen. Automatische Sprache war ein Zeichen der Besessenheit, sowohl positive als auch negative.

Im Fall der positiven war die sprechende Stimme die von *Shekhina*.

Der Aufsatz von Lawrence Fine „Benevolent Spirit Posession" berichtet über positive Besessenheit in Safed, die vier Praktiken umfasste.

1.Die „Reisen" oder „*Gerushim*". von Moses Cordovero (1522-70) und Solomon Alkabets (1505-84) zu den Graben von antiken Propheten die in der Umgebung von Safed begraben wurden. Das Ergebnis war unbeabsichtigte Rede in der man kabbalistische Interpretationen der Tora äußerte.

2. Praktiken von Josef Karo(1488-1575): das Rezitieren von **Mishnayot** aus dem Gedächtnis. Als Ergebnis sprach ein *Maggid* durch Karo's Stimme.

3. Techniken von Izhak Luria (1534-72)*Yihudim* – sich auf dem Grab von *Tsaddik* legen um mit seiner Seele zu kommunizieren.

4. Praktiken von Hayim Vital: Mishnayot rezitieren um mit der Seele des *Tsaddik*s – dem Autor der entsprechenden Mishna zu kommunizieren.

➢ **Qualifizierenden für positive Besessenheit.**

Das richtige Verhalten war notwendig, um einen Besuch von dem positiven Geist zu bekommen. Lawrence Fine beschreibt in seinen Aufsätzen „Benevolent Spirit Posession" und „The contemplative practice of *Yihudim*" worauf geachtet werden musste.

Trance oder ungewöhnliche Zustande des Bewusstseins mussten bei den Gelehrten speziell kultiviert werden.

Im Fall von Luria war die Inspiration abhängig von moralischen und geistigen Eigenschaften. Wut, Schwermut und Trauer waren diejenigen Eigenschaften, die mystische Inspiration verhindern. *Shekhina* konnte nicht bleiben wo sich der Trauer befindet. Wut hat Luria mit Götzendienen gleichgesetzt. Wut macht Menschen anfällig für die Mächte des Bösen, die immer darauf warten, die entstehende Leere, die nach Weggang der Heiligkeit entsteht, zu besetzen.

Es gab bestimmte Riten, wie man die Seele reinigt und die Mächte des Bösen zerstört.

Haim Vital berichtet dass Luria ihn informierte, dass man sich besonders auf *birkhot ha-nehenin* vor dem Essen konzentrieren soll. Luria wollte auch, dass seine Lehrlinge um Mitternacht aufstehen, um die Nacht durch zu beten und zu lernen.

Andere wichtige Schritte waren strenges Halten von Sabbat, reingehen in die Synagoge mit Ehrfurcht und zitternd, tragen von *Tefillin* den ganzen Tag durch. Man muss auch regelmäßig die Schrift, Mishnah, Talmud (Gemara) und Kabbalah lernen. Rituelles Baden gehörte auch zu den reinigenden Aktivitäten.

Fine zufolge: „ The basic purpose of these customs and rituals is clear. They are intended to cleanse the soul and thereby render it receptive to divine inspiration." (Fine, 1987, S. 73).

Im Karo's Fall zum Beispiel ist der *Maggid* ganz streng:

"Take care not to enjoy your eating and drinking and your marital relations. It should be as demons were compelling you to eat that food or perform that act… How can you wish to converse with me when you eat horseradish?"

(Karo, maggid mesharim translation L. Jacobs Jewish mystical Testimonies, zitiert in Fine, 2003, S. 103)

Es gab Unterschied zwischen qualifizierenden Aktivitäten die eine lange Zeitperiode in Anspruch nehmen konnten und vorbereitenden Rituellen, die unmittelbare Vorbereitungen, sprich ein Teil von Praktiken waren.

Zum Beispiel war es für Karo üblich, dass er unmittelbar vor dem „Treffen" mit dem essen und trinken aufhört. Auch das rezitieren von *Mishna* gehörte dazu. Außerdem musste das ganze nachts stattfinden sodass der Schlafmangel zur Erscheinung von *Maggid* führt.

Fine zitiert Vital's Beschreibung wie man vorgehen soll:

"...all types of inspiration require a person to be alone in a house so that his mind will not be distracted. The individual must seclude himself mentally to the farthest limits, and divest his body of his soul...The end of the matter is that he who wants the Holy Spirit to rest upon him if he does not become adept at completely divesting his soul from body Holy Spirit will not do so..."Fine, 2003, S. 105

Es gab detaillierte Rituelle für die Sühne: *tikkunej avonot* , die unter anderem fasten, sitzen in Staub, Schläge von Peitsche vorgesehen haben. Einer von *tiqqunim* war eine Strafe für die Sünde des Denkens an eine Sünde. Die Strafe war für 87 Tage fasten.

Die Komplizierteste Form von der positiven Besessenheit ist **yihudim** von Luria. *Yihudim* waren ein Teil von *Tiqqun,* dem Sammeln von Göttlichen Funkeln und heiligen Seelen gefangen in *Qelipot.* Die Kabbalisten brauchten drei Dinge, um diese Zwecke zu erreichen: das liturgische Beten, das Erfüllen aller anderen *Mizwot,* und *Yihudim.*

Es gab zwei Möglichkeiten, die Prozedur auszuführen: entweder auf einem Grab eines *Zaddiks* oder bei sich zu Hause. Das Ziel des Unternehmens war Kommunikation mit der Seele des *Zaddiks.* Zusätzlich war das konzentrieren auf Gottesnamen erforderlich. Diese Namen entsprechen *sefirotischen* Konfigurationen der göttlichen Vitalität in der lurianischen Kabbala als **parzufim** bekannt. *Parzufim* und Namen Gottes denen sie entsprechen konstituieren komplexe Karte der göttlichen Struktur. Das sind die linguistischen Symbole, die unterschiedliche geheime Konzentrationen der göttlichen Macht bedeuten.

Ultimativer Zweck war die Geheimnisse der Tora zu erfahren. Der Erfolgreiche ist mit einem Engel vergleichbar, der Zugang zu himmlische Geheimnisse hat.

Viele Kabbalisten glaubten, dass 1575 der Beginn der messianischen Ära war, in der alle Geheimnisse offenbart werden.

„...In the messianic future Israel will gain knowledge of the Torah in all dimensions and depth. Increasing knowledge of the secret mysteries of the Torah was regarded not merely as a sign of coming messianic age but also as means by which to facilitate the redemption. As such, extraordinary ways of acquiring such knowledge -particularly spirit possession - were highly prized." (Fine, 2003, S. 119).

3.2 Quellen - die berühmten Fälle in Safed

J. H. Chajes fasst in seinem Buch und Essay die Bibliography der „spirit posession" Erzählungen zusammen. Das sind: *Tzafnat Pa'aneach* (Decipherer of mysteries) von Juda Halewwa, 1545, von diesem Buch ist nur eine Kopie erhalten.

Sefer Hezyonot von Vital enthält Bezüge auf Safed Fälle im Jahre 1570;

Samuel Garmison's *Darkhej Noam*, Josepf Sambari's *Divre Yosef* und ein Werk von 16 Jahrhundert *Ma'ase Ha-Shem* von R. Eliezer Ashkenazi, Venice 1582. Elija Falcon hat das große Ereignis in Safed aufgeschrieben. Sein Bericht wurde von drei prominenten Rabbinern unterschrieben, die auch Zeugen waren.

Der Geist hat sich durch einen Lebenslosen Körper einer besessenen Frau gezeigt. Als Antwort auf Befehle der Exorzisten, kam eine Stimme von den Lippen der Frau, ohne das sich ihre Lippen bewegten.

Das war eher ähnlich zu Löwenknurren als eine menschliche Stimme.

Allmählich wurden von Exorzisten die Standarten der menschlichen Rede gesetzt und die Stimme klang als menschlich.

Aus dem Bericht ist nicht klar, wer die Frau war, wie sie hieß. Sie ist beschrieben als *kshera* – eine reine Frau. Als der Geist in sie eingedrungen war, war sie am putzen.

Nichts ist über ihren Mann bekannt, außer daß er sich zu dieser Zeit in Saloniki befindet. Der Geist beteuert dass er Samuel Zarfati heißt. Er erklärt daß er in Tripoli gestorben sei, dabei hinterließ er einen Sonn, zwei Scheidungen und eine Frau. Diese Frau ist jetzt mit einem Tuvia Deleiria verheiratet.

Außer daß er in Detail seine Familie beschreibt, gibt er auch andere Einzelheiten die wirklich überzeugend wirken, zum Beispiel, sein Beruf als Geldwechsler und seine Synagoge. Seine ungeheuerste Sünde war auch den Exorzisten bekannt: die Beteuerung, daß alle Religionen gleich sind.

Er war auch bekannt dass er Schwure auf sich genommen hatte und nicht gehalten.

Sein Sonn war nicht imstande Kaddisch für ihn zu sagen, das ist auch schwerwiegende Sünde.

Trotzdem, gab es noch Zweifel bezüglich seiner Identität und die Exorzisten haben sich entschieden eine n Sprachtest durchzuführen. Der Geist konnte Hebräisch, Arabisch und Türkisch, dagegen konnte er kein Yiddish verstehen. Das war überzeugend genug, da die Frau diese Sprachen nicht konnte.

Beim Exorzismus hat die Frau Teile des Körpers gezeigt, die normalerweise versteckt bleiben, was zeigt, dass sie außer sich wat.

Die Möglichkeit, dass Frauen Verkehr mit Geiste haben konnten war in der rabbinischen Literatur dieser Periode diskutiert. Die Rabbiner mussten entscheiden ob die Frauen ihren Ehemännern verboten waren oder nicht, als ob der „Betrug" in der Wirklichkeit stattfand.

Der Punkt, von dem der Geist in diesem Fall den Körper der Frau verlassen hat, war die Vagina. Das unterstrecht die sexuelle Untertone der Beziehung zwischen dem Geist und der Besessenen.

In diesem Fall gibt es kein Happy End, da der Geist zurückgekehrt war und acht Tage später starb die Betroffene. Er hat sie erwürgt und verlies den Körper mit ihrer Seele. Der Grund der Panne war, daß die Amulette nicht für sie persönlich geschrieben waren.

Kabbala glaubt, jedes Amulett für die Person die es trägt geschrieben sein und den entsprechenden Namen tragen muss.

Der Text von Sambari „Der junge Mann in Safed" beschreibt eine andere Episode. Diesmal war das Opfer ein jünger Mann deren Körper von einem toten Mann besessen wird. Der Tote hatte verbotene sexuelle Kontakte zu einer verheirateten Frau. Weil er im ertrunken ist, hat er seine Frau als *Aguna* gelassen. Er findet deswegen keine Ruhe.

Luria nimmt an Exorzismus einer armen Witwe teil, sie hat sehr gelitten. Als Konsequenz der „Possession" wurde sie zur öffentlichen Attraktion indem sie von vielen Leuten besucht wurde, die bei ihr Antworten auf Fragen über ihre Probleme gesucht haben.

Die Familie hat Luria um Hilfe gebeten und er hat an seiner Stelle Vital geschickt. Vorhin hat Luria auf ihn Hände auferlegt und ihn mit mystischen Beschwörungen und Drohungen ausgerüstet. Vital beschreibt diesen Fall in **Sefer ha Hezyonot.**

Die Sünde, die der Geist begangen hat war auch in diesem Fall sexueller Art, der Geist hatte Kinder von einer verheirateten Frau. Da es schwerwiegend war, durfte er *Gehinnom* nicht betreten. Zuerst hat er versucht Zuflucht bei einem Jüdischen Bewohner in Ormuz bei Indien zu finden. Er konnte aber in der ganzen Stadt keinen einzigen passenden Körper finden. Die Juden an diesem Ort waren durch die Unzucht mit menstruierenden und nichtjüdischen Frauen besudelt.

In Verzweiflung kommt er unter in den Körper einer Taube in der Wildnis von Gaza. Die war aber unpassend, weil eine menschliche Seele mit einem Tierkörper schlecht kompatibel ist. Dass die Taube noch schwanger war, macht die Sache nicht besser - da wird es zu eng für drei.

Als Nächster Behälter diente ein Kohen in Nablus. Der hat gespürt, dass etwas schief war und hat lokale muslimische Kräfte engagiert. Der Geist erklärte, dass die Techniken der Muslimen den Körper des Kohen mit so vielen besudelnden Geister gefüllt haben, dass er weg musste.

Wie kann es passieren, dass der Geist auch eine gute Person besetzt? R. Moses Cordovero schreibt in *Drishot be Injanej ha Malakhim:"* the types of *ibbur* depend on a man's moral and spiritual state, whether his soul is entered by a good soul –because he has done a *mizwa*- or an evil soul- *because he has committed some sin."* (Chajes, City of the Dead, S. 140)

Vital schreibt dazu: "it sometimes happens that notwithstanding the presence in a person of a pure and sublime soul, he may come at some point to anger. Then,[that soul] will depart from him, and in its place will enter another, inferior soul." (Chajes, 2003 B, S. 141)

Im Fall dieser Frau erzählte der Geist, dass die sie zornig wurde und sagte „zum Teufel mit dir!". Das war genug dass der Geist Zugang zu ihrem Körper kriegte.

Das war aber nicht der einzige Grund. Der Geist erzählt weiter, dass die Frau Zweifel bezüglich Wunder, besonders Auszug aus dem Ägypten hatte. Nachdem Vital sie darüber fragt, bereut sie und sagt dass sie mit perfektem Glauben an alles glaubt. Dann hat Vital keine Schwierigkeiten den Geist zu vertreiben.

Der Geist aber kehrt zurück und bedroht die Frau nach dem Exorzismus. Vital kommt dann wieder um die *Mezuza* zu prüfen und es stellt sich heraus, dass sie gar keine hatte!

4 Frauen und Geister

Chajes zitiert Gershom Sholem, dass Kabbalah von Männern für Männer gedacht wurde. Es gibt darin kein Element der femininen Emotionen, der Christliche Mystik prägten, die Kabbalah blieb frei von solchen „hysterischen Extravaganz".

Obwohl es keine Frauen - Rabbiner oder Kabbalisten gibt, sollte man erwähnen, dass es Frauen gibt, die prophetische Gabe besitzen. Im *Sefer ha Hezyonot* schreibt Hayyim Vital über die Frauen, deren Rat er gesucht hat. Sie hatten Fähigkeiten mit den Toten zu kommunizieren, oder hatten seine Träume gedeutet. Eine von denen war Sonadora, die im Jahre 1570 eine Hellseherin und Expertin in Öl-Weissagung war.

Weitere Experte nach deren Deutung Vital fragt sind Mazal Tov, die Stimmen hört, und Mira, die prophetische Träume hat.

„When we inspect the historiography of Jewish mysticism, we find not so much an overlooking of women's mystical religiosity as a fundamental denial of its existence." Chajes, 2003 A, S. 100.

Yoram Bilu sieht die Position der Frauen im negativen Licht und zitiert in seinem Aufsatz Leora Greenbaum:

"In hierarchical, stratified societies, where social boundaries are rigidly delineated, possession trance provides socially deprived individuals, mostly women, with a golden opportunity to assume the spirit's identity and temporarily escape...the confines of their social roles." Bilu, 346.

Faierstein behauptet, dass die Zahl der besessenen Männer und Frauen gleich war. Bilu schreibt dagegen: "The near-universal preponderance of females in possession trance is echoed in the case of the dybbuk, as the ratio of females to males among the possessed was approximately 2:1. One of the distinctive features of the male possessed was their significantly younger age. In fact, most of the possessed males were children and adolescents." Bilu, 354. Er unterscheidet zwischen positiven (*Maggid*) und negativen (*Dybbuk*) Besessenheit.

"The contrasts between the two Jewish variants of altered states of consciousness highlight the different social positions and cultural evaluations of the typical trancers in the two paths of altered consciousness--a mystically oriented rabbi or sage on the one hand, an ignorant woman or a young lad on the other. The fact that the principal cultural option open to women in trance, unequivocally negative, was conceived as an illness is a gloomy reminder of female inferiority in Jewish traditional society." Bilu, 365.

15

Morris Faerstein berichtet von zwei Frauen, die von *Magiddim* besessen wurden.

Eine ist die Tochter von Raphael Anav. Der Geist, der sie besessen hat, war die Seele eines Gelehrten, R. Jacob Piso, der vom Himmel geschickt war, um eine Nachricht an Vital zu bringen.

Die zweite Frau war Francia Sarah. „...a pious woman, who saw visions in a waking dream and heard a voice speaking to her, and most of her words were true." Faerstein, 190. Seiner Meinung nach, waren Frauen, die Visionen und Offenbarungen hatten, sehr wichtig. Er sieht sie als Nachfolgerinnen der biblischen prophetischen Tradition.

5   Literaturbeispiele aus der Folklore.

Es gibt einige interessante literarische Beispiele die ich in der Sammlung von Neugroschel „The great works of Jewish Fantasy and Occult" gefunden habe. Ein Beispiel dem Mayse –Buch(1602) heißt „Die Besessenheit". Es ist vielleicht die erste bekannte Yiddische Geschichte über das Thema, die eine literarische Tradition der Dybbuk-Geschichten eröffnet. Sie beschreibt ein Fall wie ein Geist in einen jungen Mann eindringt, sein Zweck ist dass seine Frau, die als *Aguna* zurückgeblieben ist, wieder das Recht zu heiraten bekommt. Der Mann ist ertrunken aber die Rabbiner wissen nicht, wo er zu Hause war und könne so seine Frau nicht identifizieren. Der Geist kann vorhersehen, wer eintritt, zuerst ein Gelehrter dann kommen junge Männer, die er schweren Sünden sexueller Charakter beschuldigt. Mit der Beschreibung seinen Werdegang als Dybbuk von Fisch zur Kuh, die von einem Juden geschlachtet wurde, endet die Erzählung mit einer erfolgreichen Vertreibung.

Chajes erwähnt diese Geschichte in seinem Aufsatz, sie hat eine gewisse Ähnlichkeit mit der Geschichte, die in Sambari's Buch erwähnt ist. Er schreibt aber: "The possession of the young man first published in the Ma'ase Buch cannot with certainty be located in Safed, as that identification depends solely upon Sambari's late-seventeenth-century text, other versions not stating specifically that the case took place in Safed". Chajes, City of the Dead, S. 128.

Eine Geschichte aus dem Mayse-Buch „ The Rabbi Who Was Turned into a Werewolf" beschreibt wie ein Rabbiner von seiner Frau mit Hilfe eines magischen Rings zu einem Wolf verwandelt wurde. Am Ende kehrt er zurück und verwandelt seine Frau in einen Esel, in welcher Form sie für immer bleibt. Der Rabbi war gelehrt und gerecht, seine Frau dagegen böse und gierig. Warum und wie er sie geheiratet hat, wird dem Leser nicht mitgeteilt. Die Moral am Ende

16

erklärt, dass noch König Solomon sagte, dass man ein Geheimnis niemals einer Frau anvertrauen darf.

Die Geschichte wird im Kommentar als frauenfeindlich bezeichnet, was wahrscheinlich über meisten Volkserzählungen aus dieser Periode gesagt werden kann.

Eine andere Geschichte stammt von Ber Horovitz und beginnt mit der Kurzfassung : „ This is a wondrous moral tale about a wicked woman who later became a penitent, and her son, a wicked man, from whom the holz Baal Shem Tov exorcised a false and unclean spirit and replaced it with the pure, the true soul, which had been wretchedly wandering in the World of Chaos" (Neugroschel, S. 353).

Die Erzählung beschreibt wie ein Geist von einen Nichtjüdischen Schweinehändlers einen Fötus besetzt, dadurch die Dämonen dazu geführt haben, dass die Frau während des Geschlechtsakts an ihn gedacht hat und er an sie. „And the demons took the soul from the Christian seed and fast as lightning they brought it over and put it into Joseph's seed, robbing the little Jewish soul from the drop, an offspring of Joseph's pure soul And the little Jewish soul floated in the air, buffeted and driven, wandering about, hoping for salvation…"

Die Erzählung hat happy end, die Familie fährt nach Lvov zu Baal Shem Tov, der den Geist von Schweinehändler beschwört: " Impure soul of Maxim, I command thee in the name of the God of Israel, depart hence, from this Jewish body, in which the company of Satan did plant thee, and yield thy place to the real heir, Moses the son of Joseph, who is floating about in space and wishes to cleave unto this body, from whence thou hast driven him." (Neugroshel, S. 361). Alle machen *Tshuva* und kommen gut nach Hause.

Ein richtiger *Tzaddik* hat also alles im Griff, was Geister angeht.

6   Magische und Besessenheit in unserer Zeit

Heute gehört das Thema der Besessenheit oder Magie nicht der Vergangenheit. Zum Beispiel, erwähnt Joseph Dan in seiner Einführung zum Buch „Spirit Possession in Judaism" einen Fall aus dem Jahr 1999. Eine Witwe, Mutter von 8 Kindern, behauptet, dass der Geist ihres Mannes, der schon seit 2,5 Jahren tot war, sie besessen hat. Der Rabbi, der die Zeremonie des Exorzismus durchführte, war Rabbiner David Basri. Das war auch live im Radio zu hören und sogar im Fernsehen zu sehen.

Ein anderes Beispiel habe ich im Aufsatz von Zion Zohar gefunden. Er beschreibt das Ritual von *Pulsa de Nura*, ein kabbalistischer Fluch, der zum Tod des Opfers führt. Dieser Fluch wurde für Ministerpräsident Rabin und später für Ariel Sharon verwendet.

Dieses Ritual gehört der praktischen Kabbala. Man braucht 10 Kabbalisten, die sich in der Synagoge um Mitternacht versammeln, nachdem sie 10 Tage lang gefastet haben. Im Licht von schwarzen Kerzen, blasen sie *Schofar* und sprechen der Fluch gefolgt mit einer Bibelzitat aus Deuteronomium. Nachdem der Fluch ausgesprochen ist, werden die Kerzen ausgemacht, was das Licht des Himmels symbolisiert. Um das Ritual richtig fortzuführen, braucht man den richtigen Namen des Schutzengels des Verfluchten zu wissen. Namen von Gott und Engel sind verwendet um so viel negative Energie zu verschaffen, dass der betroffene innerhalb von 30 Tagen stirbt.

Das einzige Problem ist, wenn man Pech hat, wirkt der Fluch gegen denjenigen, der ihn bewirkt hat und schlägt zurück auf ihn oder seine Familie. Das kann passieren, wenn der Verfluchte ein *Tzaddik* ist, oder viele Verdienste in dieser oder einer vorherigen Reinkarnation hat.

Natürlich wissen wir nicht, welche Folgen diese finstere Beschwörung in der Wirklichkeit hatte. Auf den Seiten von www.kabbalah.info kann man über Rav Michael Laitman lesen. In einem Artikel in Chicago Tribune kann man folgendes erfahren:

"He has spent much of his career bringing the ancient wisdom of this metaphysical side of Judaism to the masses, guided by the controversial belief that the once-secret teachings of Jewish sages should be accessible to anyone willing to listen, Jews and Gentiles alike.

"It is not a religion at all," Laitman said through an interpreter during a telephone interview from Los Angeles, where he spoke in a packed auditorium this week. "It is a scientific method to transcend the ego. It makes no difference what religion you belong to. Everyone should be able to do it." (http://www.chicagotribune.com/news/local/northwest/chi-relig_kabbalahoct12,1,4269540,full.story?ctrack=1&cset=true)

Es mag sein, dass nur wenige Gelehrten Zugang zu der magischen Lehre haben, und nur wenige Juden eine Ahnung davon haben. Was aber sicher ist, dass magische Riten, Geistesbesessenheit, Kabbala, was auch immer man heute darunter versteht selbst in der modernen Zeit immer noch große Relevanz haben. Vielleicht noch bedeutungsvoller als jemals zuvor.

7 Literaturverzeichnis:

Bilu, Yoram. Dybbuk and Maggid : Two Cultural patterns of Altered Consciousness in Judaism. AJS Review, Vol 21, No. 2 (1996), pp. 341-366.

Chajes, J. H. "Jewish Exorcism: Early Modern Traditions and Transformations", in *Judaism In Practice: From the Middle Ages through the Early Modern Period.* Ed. Lawrence B. Fine, Princeton, NJ: Princeton University Press, 2001

Chajes, J. H., *Between Worlds: Dybbuks, Exorcists, and Early Modern Judaism,* Philadelphia: University of Pennsylvania Press, 2003. (A)

Chajes, J. H. "City of the Dead: Spirit Possession in Sixteenth-Century Safed in *Spirit Possession in Judasim Cases and Contexts from the Middle Ages to the Present,* Ed. Matt Goldish, Detroit 2003. (B)

Faierstein, Moris M. "*Maggidim,* Spirits , and Women in Rabbi Hayyim Vital's *Book of Visions* in *Spirit Possession in Judasim Cases and Contexts from the Middle Ages to the Present,* Ed. Matt Goldish, Detroit 2003.

Fine, Lawrence, "Benevolent Spirit Possession in Sixteenth-Century Safed" in *Spirit Possession in Judaism Cases and Contexts from the Middle Ages to the Present,* Detroit 2003.101-124.

..., "The contemplative practice of Yihudim" in *Jewish Spirituality From the Sixteenth-Century Revival to the Present,* Ed. Arthur Green. Routledge & Kegan Paul, London, 1987.

Goldish Matt (Hrsg.), *Spirit Possession in Judasim Cases and Contexts from the Middle Ages to the Present,* Detroit 2003.

Patai, Raphael "Exorcism and Xenoglossia among the Safed Kabbalists" The Journal of American Folklore, Vol 91, No. 361.

Zohar, Zion. "Pulsa De-Nura : The Innovation of Modern Magic and Ritual" Modern Judaism 27.1, 2007. 72-99.

http://www.chicagotribune.com/news/local/northwest/chi-relig_kabbalahoct12,1,4269540,full.story?ctrack=1&cset=true,12.10.2007